U0367087

学术会议
数字资源规范建议

中国科协学会服务中心　编

化学工业出版社

·北京·

内容简介

本书阐明了学术会议数字资源共享的范围、标准、规范与管理方式，对涉及的不同主体界定了其权责关系。全书重点说明了学术会议综述内容、学术会议报告内容、学术会议视频内容涉及的各细节要素与内容规范要求，以及学术会议数字资源权益和共享方式、数字资源共享流程管理等内容，附录提供了学术会议数字资源共享相关文本与协议模板，可以为学术会议数字资源高水平传播与共享提供标准与依据。

本书可供从事学术会议策划、组织、服务、资源管理的相关人员使用。

图书在版编目（CIP）数据

学术会议数字资源规范建议 / 中国科协学会服务中心编． -- 北京 ： 化学工业出版社，2024. 10. -- ISBN 978-7-122-46540-5

Ⅰ. C27-65

中国国家版本馆 CIP 数据核字第 2024X2K281 号

责任编辑：刘丽宏 　　　　　　　　　文字编辑：袁　宁
责任校对：宋　夏 　　　　　　　　　装帧设计：王晓宇

出版发行：化学工业出版社
　　　　　（北京市东城区青年湖南街 13 号　邮政编码 100011）
印　　装：大厂回族自治县聚鑫印刷有限责任公司
787mm×1092mm　1/32　印张 2¾　彩插 1　字数 34 千字
2024 年 10 月北京第 1 版第 1 次印刷

购书咨询：010-64518888 　　　　　　售后服务：010-64518899
网　　址：http://www.cip.com.cn
凡购买本书，如有缺损质量问题，本社销售中心负责调换。

定　价：29.80 元 　　　　　　　　　版权所有　违者必究

《学术会议数字资源规范建议》
编 写 组

主　编　刘亚东

副主编　魏　丹　刘晓芳

成　员（按姓氏笔画排序）

　　　　刘静羽　陈雪飞　赵　红　黄金霞

前言 PREFACE

　　学术会议是学术交流的重要载体，既是同行之间成果开放共享的平台，也是推动科学传播、实现知识转化和创新的重要路径。随着全球开放科学不断发展演进，科研人员和社会公众对学术会议数字资源的需求越来越大，许多学术机构、学术共同体组织都选择逐步开放其学术会议所产生的数字资源，以促进学术交流，扩大学术会议成果的传播力和影响力，从而推动科学发展，加速科技创新。

　　学术会议数字资源具有新颖性、及时性等特征，也存在生命周期短暂、资源分布零散、格式形态多样、组织发布方式不一、缺乏统一平台整合等问题，一定程度上阻碍了学术会议数字资源的有效传播。在当前数字化和开放科学发展态势下，为持续推进学术会议规范化和标准化建设，挖掘学术会议价值，提升服务能力，助力科技社团发展，中国科协学会服务中心于2022年启动"学术会议数字资源共享规范研究"，开展学术会议数字资源规范化开放和共享实践，并在此基础上编制完成《学术会议数字资源规范建议》（以下简称《建议》）。该《建议》旨在发现与解决当前学术会议开放交流和数字资源共享面临的问题，为学术团体、学术会议组织者、科研机构等共享学术会议数字资源提供可操作性建议与技术指导。

《建议》分为两篇：第一篇定义了学术会议数字资源，并对非正式出版的三种学术会议数字资源（学术会议报告、学术会议视频、学术会议综述）提出规范建议；第二篇按照获取渠道，定义了学术会议数字资源的获取类型，明确了学术会议数字资源的共享流程及不同主体间的权责，制定了学术会议数字资源共享过程中涉及的法律文本和协议模板。

本《建议》编写过程中，得到有关专家学者的指导和帮助，在此致以诚挚的谢意。受学科领域广泛、学术会议类型多样等因素限制，本书尚未覆盖全面，尚存不足，敬请读者批评指正。

中国科协学会服务中心
2024 年 8 月

目录 CONTENTS

第一篇

学术会议数字资源规范

第二篇
学术会议数字资源共享和管理

附录　　　　　　　　　　　　　　　　　049

参考文献　　　　　　　　　　　　　　077

第一篇

学术会议
数字资源规范

学术会议是一种专业的学术交流活动，聚集来自同一或相关学科领域的科研人员和高校学生等，交流最新研究成果、探讨学术问题、分享知识和经验，并促进学术合作。学术会议通常有多种组织形式，通常有学术年会、学术报告会、学术讨论 / 座谈会、学术沙龙、圆桌学术会议、主题 / 专题研讨会、学术论坛等，不包括以传授基础性工作技能和知识为目的的培训类会议。常见的学术会议交流形式包括但不限于口头报告、海报展示、会议论文、主题研讨、小组讨论、圆桌讨论、工作坊等。

学术会议数字资源是基于学术会议交流产生的数字知识资源，可分为会议业务资料、会议学术资料、会议成果资料三个类型。

① 会议业务资料。由会议举办方创作、记录和描述会议业务流程和活动的文件，包括但不限于会议通知、会议议程、会议手册、会议指南、会刊、会议名录、会议现场图片等。

② 会议学术资料。在会议举办过程中由科技工作者或参会者创作并在会议期间进行交流的学术内

容，包括但不限于会议报告、墙报、会议音视频、会议论文或论文集、会议论文摘要或会议论文摘要集等。

③ 会议成果资料。由学术会议主办方或主办方组织专家基于会议交流内容进行二次加工形成的衍生智力成果，包括但不限于学术会议综述、学术会议纪要、智库报告、政策建议、专报等。

三种学术会议数字资源类型中，会议业务资料形式多样，由会议举办方负责，已有较成熟的制备流程和规范样式，可以参考 GB/T 30520—2014《会议分类和术语》以及 20221579-T-463《知识管理方法和工具 第 3 部分：会议知识管理》等。

会议学术资料中，会议报告和会议音视频是非正式出版物，为便于共享交流，应该进一步统一内容和规范格式。会议论文是学术论文的一种，内容和格式规范建议参考 GB/T 7713.2—2022《学术论文编写规则》。

会议成果资料中，学术会议综述是对学术会议纪要的进一步总结、凝练和分析，已成为当前会议组织方越来越重视的一项知识资产，但由于缺乏相关经验，很多学术会议综述存在结构不规范、总结不深入、语言不精练等问题。基于学术会议形成的智库报告、政策建议、专报等，一般根据上报单位内容格式要求进行撰写，无需统一要求。

基于以上各项资料的规范需求，本篇将重点针对学术会议报告、学术会议视频、学术会议综述提出规范建议。

第 1 章

学术会议报告规范

学术会议报告是报告人在线上或线下，通过口头报告（Oral）或墙报（Poster，也称作壁报）展示的方式，将本人或团队的研究成果在短时间内传授给听众的一种学术交流活动。

其中，墙报是论文的"精华"，经常采用张贴、展板或电子屏的方式展示，作者可以在墙报旁向参会者进行介绍与交流。墙报一般沿用论文的大体结构，即顶部通常是标题与作者介绍，内容一般包括导言、材料和方法、结果、结论等，形式上可以更为灵活，以充分发挥作者的创意，吸引参会者观看。

口头报告一般需要准备幻灯片，面对参会者做报告演讲并依情况对问题答疑。作为一种非正式出版的数字知识资源，学术会议报告的规范化对促进其共享和传播非常重要。以下将从幻灯片内容、幻灯片格式、意识形态三个方面对学术会议报告的口头报告形式提出规范建议。

1.1 学术会议报告幻灯片内容

1.1.1 贴合会议主题

学术会议报告的主题应符合会议方指定的主题范围，并应将主题内容明确传递给参会人员。

1.1.2 专业质量达标

学术会议报告是对自身或团队学术研究成果的展示。因此，学术会议报告应具有学术性、科学性和创新性。既要准确运用专业术语提供信息，亦要使所述文字能够被听众轻松理解。会议组织方也要加强会议质量管控，邀请和选择具有较高学术水平的学术会议报告人和主持人。

1.1.3　逻辑清晰连贯

学术会议报告的科学逻辑和语言逻辑要清晰连贯。无论是实验类学术报告还是理论分析类学术报告，都建议从以下 5 个方面组织科学逻辑：

① 我的研究是什么？（研究问题）

② 为什么做这项研究？（背景意义）

③ 如何研究的？（研究方法、研究方案）

④ 研究结果是什么？（结论）

⑤ 如何分析和解释研究结果？（分析、讨论）

表 1-1 列出了理工或生物医学类学科的一般性逻辑框架（仅供参考）。

需要注意，表 1-1 所列为建议的逻辑要素，一些学术会议报告还将在此基础上拓展更多内容。不同学科领域的学术会议报告结构也会有所差异。

表1-1　学术会议报告逻辑框架

逻辑要素	说明
研究背景	研究的背景信息，以及已有的研究，用来解释"这项研究为什么重要"
研究目标	研究的问题、假设、目标，用来解释"要达到的科学目标是什么"

续表

逻辑要素	说明
研究方法	研究中使用的方法，例如实验设计和流程、数据收集和分析方法、样本的选择等。用来解释"我的研究是如何做的"
研究结果	研究的发现、分析的结论、实验的结果等，一般会用图表、统计数据辅助说明
讨论	对结果的思考和解释，例如结果的意义和解释、与已有研究的对比、研究的局限性和未来方向、应用建议等

语言逻辑方面，要注意语言表达的逻辑性、连贯性、完整性、简明性。要点包括：

① 建议每张幻灯片的标题使用一个完整的句子表达，例如，对于结论部分，直接写结论本身"开放科学已成为国际学术界共识"，而非只是"结论"。

② 语言上尽量避免使用行话，使用大部分听众都能理解的术语进行表达。

③ 将每张幻灯片的文字保持在最低限度[1]。一般建议每张幻灯片只围绕一个重点展开，每张幻灯片提供的信息不超过支持该重点所需的信息。图 1-1 是一个用易于阅读的图片代替大段文字的案例，其中原始

Physical cryptographic verification of nuclear warheads

"The overall interaction would proceed as follows:

i) A template warhead is established by a joint exercise between the host (the country offering candidate warheads for verification) and the inspector.

ii) The host submits additional candidate warheads to be tested into joint custody.

iii) The host installs an encrypting foil into the measurement apparatus. The foil acts as a physical secret key that protects classified information during a measurement.

iv) The inspector supervises tomographic measurements of the template and candidate according to randomized parameters of the inspector's choosing. Inspector's choice renders cheating impractical for the host.

v) Although the measured data are physically encrypted, if the candidate-warhead data match the template-warhead data, then the inspector has very high confidence the candidate warhead is a physical copy of the template warhead."

Physical cryptographic verification of nuclear warheads

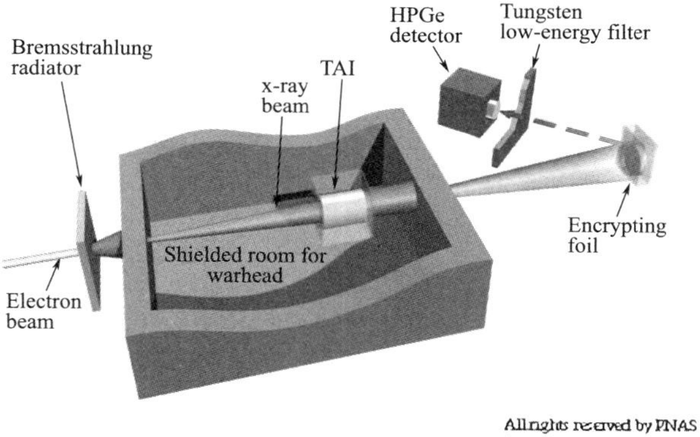

R. Scott Kemp et al. PNAS doi:10.1073/pnas.1603916113

图1-1 用易于阅读的图片替换文本块[2]

说明：图1-1使用的幻灯片改编自R. Scott Kemp，Areg Danagoulian，Ruaridh R. Macdonald, and Jayson R. Vavrek. "Physical cryptographic verification of nuclear warheads." Proceedings of the National Academy of Sciences 113, No. 31 （August 2016）：8618-23.

幻灯片（上半部分）非常详细地描述了一个过程，使用了多个长句。改进后的幻灯片（下半部分）使用图和更少的文字传达了相同的信息。

1.1.4 保证内容安全

学术会议报告内容避免个人隐私泄露，特别是对于生命科学、健康医疗等领域，避免涉及伦理问题和个人隐私数据。对于涉密内容，例如国家机密、机构商业秘密、内部秘密等，公开前需征得相关单位同意并完成脱密处理。学术会议报告避免有危害国家安全、公共安全，不符合党和政府大政方针，以及可能引起纠纷的内容等。

如学术会议报告使用地图，应利用标准地图服务网站提供的地理底图，在不改变底图的情况下，添加必要信息。

1.1.5 严禁剽窃伪造

学术会议报告内容不得抄袭或剽窃他人思想、观点、数据、图像、研究方法和文字表述等，不得伪造、编造、篡改数据或事实。凡参考他人文献或成果，须准确、完整地注明出处，引用文献须明确标明引证来源。引用文献可以放在当前页的适当位置，也可将会议报告所有引用文献单独放在"参考文献页"。

1.1.6　切忌贡献不明

学术会议报告内容如有来自合作者或合作机构的，应提前征求其意见，并在致谢页注明其他合作者或合作机构贡献，避免造成知识产权纠纷和科研道德纠纷。

1.2　学术会议报告幻灯片格式

1.2.1　图文呈现清晰

图片建议采用矢量图或高分辨率位图，矢量图可以做到缩放不失真，使图中文字、数字、符号清晰可辨。

　　避免将很多图片、表格堆放在一张幻灯片上，不留任何空白。过于密集的内容不利于信息的传递，将对于论点至关重要的数据展示出来即可。幻灯片内容（包括图形、文字、照片等）应足够大，一般建议文字在 16 号及以上，选择清晰的字体。

1.2.2　配色简约一致

　　学术会议报告配色应避免颜色过于花哨或无关的装饰，保持整体配色一致，可以使用跳色加强重点和亮点。如果未提供会议统一模板，应使用不显眼背景色的模板。图 1-2（a）给出了不推荐的背景色模板"Before"和推荐的背景色模板"After"案例，图 1-2（b）给出了添加无用装饰的反面案例，图 1-2（c）给出了强调信息颜色使用的反面案例"Before"和正面案例"After"（图 1-2 可对照书后彩插）。

1.2.3　图文书写严谨

　　图片制作严谨规范：对于坐标轴图，坐标轴、坐

Before

After

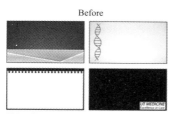
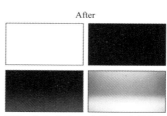

Slides with busy backgrounds reduce the amount of space you have for your own visual elements.

Slides with clear backgrounds allow you to fill the entire space with your own content.

Before

After

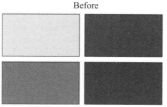
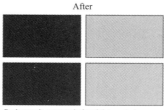

Backgrounds composed of warm, bright colors can be too intense on the eye and don't allow foreground objects to stand out.

Backgrounds composed of cool tints or shades are comfortable to look at for long time periods.

(a)

Mass Spectrometry

* Set up collaboration with the Baker lab

* Trying to use Mass Spec to identify sites where Tesk2 is phosphorylated by PasK

TIE STRENGTH DISTRIBUTION

(b)

图1-2

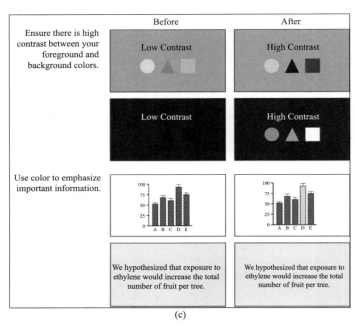

图1-2 学术会议报告颜色使用案例[3]

标轴标题、图例、单位等均不可缺；对于工程图，应使用工程制图软件按照规范绘制；对于云图或地图，应设有图例、单位、数字。图表标注图表头，依情况添加题注。中文书写避免错别字，英文书写避免拼写和语法错误。同时对于全文各要素都应注意符号统一，并采用通用术语或符号标准。

1.2.4　排版整齐美观

排版建议遵循"对齐""一致""留白"原则。对齐原则指会议报告文字、图表等要对齐；一致原则指同一级别文字要格式大小统一，同一页面中同级别图片大小建议一致；留白原则指页面内容要疏密得当。

1.2.5　软件类型通用

在制作会议报告文稿时，建议采用 Office、WPS 等软件制作幻灯片并保存为 PPT 或 PPTX 格式。需要注意的是，使用 Apple iWork 的 Keynote 软件制作的幻灯片只能应用于苹果 iOS 操作系统，Latex 制作的幻灯片为 PDF 格式，如使用以上两种软件制作幻灯片需提前与会议方沟通确认是否可以播放。

1.2.6　页面结构合理

一般情况下，学术会议报告应包括封面页、目录页、内容页和尾页。封面页一般包括标题、作者姓名及工作单位、演讲日期等信息；目录页列出报告大纲；内容页突出报告重点和主体内容；尾页通常是致谢页。作者联系方式可在封面页或尾页列出。同时，幻灯片建议标注页码，方便需要时快速定位。

1.3 学术会议报告的指南资源

以上内容提出了学术会议报告的基本规范，但是对于学者而言，做好学术会议报告还有更多细节需要学习。附录 1 列出了部分国际通用的学术会议演示报告制作指南的相关资料，仅供参考。

第 2 章

学术会议视频规范

学术会议视频资源具有较高传播价值。规范学术会议视频资源内容和格式，有助于更广泛地传播会议内容，提高会议影响力。

2.1 学术会议视频内容

2.1.1 内容力求完整

学术会议报告前后内容往往具有很强的关联性和逻辑性，一般配有幻灯片辅助演讲，若内容欠缺，不利于观众理解。因此建议学术会议报告视频应将报告人的讲述、幻灯片的内容等都完整地记录下来。如果有问答环节，确保观众提问和演讲者回答内容完整且清晰。

2.1.2　剪辑有所取舍

录制后的视频需要进一步剪辑、加工。学术会议报告中经常会出现突发事件，例如音响设备或电脑设备故障、演讲人不合主题的即兴发挥、有损报告人形象的镜头、观众突然打断等，必须通过后期剪辑进行处理；为节省视频播放时间，建议剪辑去除视频中与学术无关的内容、休息环节等，保证视频紧凑、完整、清楚，无不良信息、无用信息。

2.1.3　封面要素齐全

建议为学术会议视频添加封面，即片头。如果是会议某个环节或某个报告的视频，建议视频封面显示本环节（报告）的主题名称、报告题目信息及报告人姓名。如为会议完整视频，建议封面显示会议中（英）文名称、会议标志等，也可根据需要决定是否显示会议城市及国家、会议起始时间、主办单位、承办单位、协办单位、支持单位等信息。

2.1.4 知识产权明确

学术会议报告人要确保视频中全部展示资料（如幻灯片、图表、视频片段等）不侵犯版权，引用有版权信息的内容须获得相应授权，同时在视频中明确标注。

建议在视频最后或合适位置添加视频知识产权声明，注明视频版权所有人、制作权所有人、使用权所有人、法律声明等信息。如有多个视频，也可采用统一的知识产权声明模板（参见附录2），并在视频播放平台进行发布。如视频开放共享，建议采用国际通用的CC协议，参考模板如下。CC协议的类型与定义参见附录3。

学术会议视频知识产权声明模板（仅供参考）：

许可声明

本视频署名权归 *** 所有，由 ***（如会议相关组织方）邀请进行视频录制，旨在进一步促进科研成果传播与学术交流。

本报告视频采用 CC BY 4.0 许可协议。

2.1.5　布局呈现合理

若为线上录制，汇报画面同时包含演示报告内容（主画面）与汇报者（小窗口），汇报者窗口背景建议统一设为会议背景，同时应避免着装和虚拟背景撞色，以及背景图片的镜像问题。汇报者窗口不可遮挡演示报告窗口，报告过程中可选择性显示汇报者姓名与单位。

若为线下汇报单窗口录制，演示报告与汇报者共同出现，演示报告占据视频画面的主要部分。

若为线下汇报多窗口录制，画面同时包含演示报告内容（主画面）与汇报者（小窗口），汇报者窗口不可遮挡演示报告窗口。

对于问答环节，可以切换到单屏显示，专注于演讲者或提问者。

视频内容应按照会议日程顺序进行录制，如按照开场致辞、主题演讲、分组讨论、问答环节等顺序。

2.2　学术会议视频格式

2.2.1　画质清晰稳定

视频录制避免使用可能导致图像失真的设备、软件等，保证视频画质清晰、稳定，无画面遮挡、晃动、模糊、不连贯等问题。演讲区域背景简洁、不突兀、不杂乱，拍摄时打光充足，避免阴影和反光。

2.2.2　音质清楚适度

会议现场避免嘈杂，录制时使用高质量的麦克风，保证收音质量。录制的会议视频音质清晰，音量大小适中，无回声、失真、杂音、断音等问题，演讲者和观众的语音平衡。多声道录制情况下，不同声道的音频清晰分离。

2.2.3　存储安全和格式通用

推荐使用高清格式（如 1080p）录制视频。视频文件格式应为广泛支持的格式，如 MP4、AVI、MOV、MKV 等。对于在线发布和广泛分发的学术会议视频，通常选择 MP4 格式，其具有良好的兼容性和压缩效率。对于需要高质量存储和编辑的视频，可以选择 MOV 或 MKV 格式。音频格式一般建议选择 AAC 或 MP3 等高质量格式。主办方应对所有录制的视频进行备份，以防数据丢失。

2.2.4　用户友好

确保视频播放流畅，无卡顿或加载缓慢的问题。每个视频时长应与实际会议环节相符，避免过长或过短。对于较长的会议，可以考虑分段录制，便于观众选择性观看。

视频文件应按照会议日程和演讲者姓名进行命名，便于管理和检索。如进行在线发布，需对视频文件进行关键信息项描述和登记，便于检索。视频文件信息项可参考附录 8。

2.3　学术会议视频意识形态

2.3.1　敏感内容重点排查

视频严禁涉及政治、种族、民族、宗教、性别歧视等敏感话题，应严格审核会议视频的学术伦理和信息安全等问题，尤其对于地图等敏感信息要重点关注排查。如出现侵犯隐私、涉密、危害国家安全、不符合国家大政方针政策的言论，以及可能引起纠纷的内容等，要密切关注，禁止发布。

2.3.2　重视共享授权

学术会议视频涉及报告人的知识产权和肖像权时，需在获得报告人授权后方可进行共享，会议报告人授权许可模板参考附录5。此外，需要规范学术会议视频共享的方式、对象、权限等，共享方式、对象、权限设置根据会议主办方需求，参考第4章的"学术会议数字资源共享方式分析"。

第3章

学术会议综述规范

　　学术会议综述是对某一个学术会议内容、主题、演讲、讨论和成果进行总结和回顾的文件，学术会议综述通常由会议组织者、参与者撰写，目的是向未参会人员传达会议的精华和主要发现，同时也为参会者提供回顾的机会。

　　学术会议综述可以是正式的学术文章，发表在学术期刊、会议网站或其他学术交流平台上，也可以是用于内部交流和总结的成果，或向上级单位、会议资助机构提交的成果资料。学术会议综述的撰写应遵循基本规范，以便更好地传播会议成果，体现会议学术价值。

3.1　学术会议综述内容

3.1.1　内容学术性强

学术会议综述不同于会议新闻报道、会议纪要。学术会议综述的读者是学术界同行和学者，旨在通过深入总结会议的主要内容、成果亮点、学术影响，促进学术交流，展现会议的学术价值和领域未来研究方向。

会议新闻报道的读者是公众和媒体，重在宣传会议的新闻亮点、重要事件和主要观点，提高会议的知名度和影响力，侧重会议的及时性和新闻价值。

会议纪要的读者一般是参会者、组织者、相关工作人员，详细记录会议过程和发言内容，提供会议的完整记录，注重准确性和完整性。

3.1.2　会议情况全面清楚

学术会议综述正文部分在开头简要介绍会议基本情况，包括但不限于会议背景、举办时间和地点、规模、形式、主办方、出席嘉宾、与会专家、参会人员数量、会议主题、会议成果等。图 1-3 是一篇学术会议综述"会议情况"撰写的案例。

在此背景下，为凝聚学界和实际部门的共识、指导科技工作者协同攻关，2023年12月4—5日，以"信息技术推进国家治理现代化的战略研究"为主题的第S70次香山科学会议在北京召开，40余位来自法学、信息技术、应急管理与公共政策等多学科领域的专家学者，以及司法部门、应急管理部门的顶级专家应邀参会。本次会议聚焦智慧法治、网络治理、数据治理、应急管理4个典型领域，从中提炼先进经验以探索信息技术推进国家治理现代化的实现路径，进而引领信息技术支撑国家治理其他领域的发展。会议旨在提出信息技术推进国家治理现代化的思路和框架，描绘以信息技术赋能典型领域治理现代化的技术发展路径，提出强化信息技术推进国家治理现代化能力提升的战略布局和发展路线。与会专家围绕"信息技术推进司法与数据治理""信息技术推进应急管理与网络安全""信息技术推进国家治理现代化的关键技术"3个中心议题，就信息技术推进国家治理现代化4个典型领域的主要进展和成就、问题与挑战进行深入讨论，并凝练相关政策建议。

图1-3　学术会议综述"会议情况"部分的案例[4]

3.1.3　总结会议成果

总结会议成果是指对会议主题、内容、精神、成果等进行总结、归纳。原则上可以阐述会议所有主题的成果，切实反映会议所解决的问题；也可重点关注某一主题或某几个主题中的主要成果。重要嘉宾、权威学者的高质量发言或个人访谈也可以纳入综述内容，但需要获得本人授权。

3.1.4 深度分析和思考

围绕会议成果提出个人观点和思考，分析成果特点，思考未来发展方向，也可以是会议主题相关领域的展望、建议等，以体现思辨性、创新性。作者也可以提出对会议本身的评价和感受，对未来会议的建议和期望。

3.2 学术会议综述格式

3.2.1 标题规范简洁

建议标题中直接写出会议名称，一般是"会议名称＋会议综述"，例如"新文科视野下古代中国与东亚海域会议综述"。主题鲜明、特色突出的学术会议，可以采用主副标题"会议主题（主标题）——会议名称＋会议综述（副标题）"的形式，主标题一般是会议主题，反映会议的研究重点，吸引读者的注意力。例如"拥抱变革、谋划变革、适应变革——'科研范式变革'专题研讨会会议综述"。

3.2.2　署名信息全面

学术会议综述必须署名作者，作者信息建议包括姓名、单位、职务、职称、电子邮箱等信息；原则上第一作者应与学术会议直接相关，如学术会议的组织者、主持人、报告人、分享嘉宾等。

3.2.3　摘要、关键词简明扼要

摘要采用第三人称写法，简明、扼要地陈述学术会议的基本情况、主题、成果，必要时应阐明会议的目的、意义和结论等。字数建议在 200 ~ 300 字。

关键词数量 3 ~ 5 个，结合会议主题，避免使用非学术词汇、无特定指向的词汇、动词和形容词等。建议第一个关键词聚焦会议主题，其后的关键词可以聚焦会议分主题，或者会议成果的主题，必要时会议名称、会议中产生的最新成果、尚未被词表收录的新

学科或新技术的重要术语，亦可选用。

其他未尽事宜，可参考国家标准《文摘编写规则》（GB 6447—86）。

3.2.4 结构和引用规范

如有引用，须按照引用格式列出。参考文献格式遵循《学术论文编写规则》（GB/T 7713.2—2022）。其他内容要素诸如引用规范、术语、图表格式、标点等也可参考《学术论文编写规则》（GB/T 7713.2—2022）。

学术会议综述作为一种综述文章类型，可以参考常规综述类文章结构进行撰写，一般结构如下：

· 标题：规范、简洁，反映会议主题。

· 摘要：简要概述会议的主要内容和成果。

· 关键词：专业、指向性强，聚焦会议主题。

· 正文：

——引言：会议的背景和目标、会议基本情况。

——主体：叙述会议内容，总结会议成果。

——结论：思考、展望、建议等。

· 参考文献：按引用格式列出参考文献。

第二篇

学术会议数字资源共享和管理

从资源获取渠道来看，学术会议数字资源主要可划分为自有资源、互联网采集资源及其他机构汇交资源三种类型。

（1）自有资源

指本机构主办或承办会议产生的数字资源，包括会议报告视频、会议论文（摘要）等学术资源，以及会议专家人才信息资源、会务服务数据等业务流程数据。

（2）互联网采集资源

指本机构通过网络采集的方式所获取的学术会议数字资源。通常该类型数字资源允许基于平等、免费的原则，可在网络上自由获取和使用。

（3）其他机构汇交资源

指部分大型科研机构或科研管理机构为加强数据资产管理和共享，要求下属机构、受资助机构或个人，汇交于共享平台的会议数字资源；以及部分会议主办机构为提高会议成果传播度和影响力主动向集成化的共享交流平台提交和共享的会议数字资源。

不同来源渠道的学术会议数字资源共享涉及的

权益主体不同，因此开放共享的权益风险也不同。本篇基于资源共享全流程视角，进一步解析学术会议数字资源的共享方式与权限，提出共享流程规范和相关协议模板，为开放共享学术会议数字资源提供技术支撑。

第 4 章

学术会议数字资源权益及共享方式

4.1 不同渠道的学术会议数字资源权益状况

4.1.1 自有资源权益状况

自有资源涉及的权益主体仅有本机构和资源创建者，机构在与资源创建者（报告人）签署授权协议书后，可以按照授权协议规定条款开展共享服务。

需要注意：首先，本机构应积极采取措施保护自主知识产权，制定网站知识产权声明、用户协议（参考附录10）。其次，应规避数据泄露和数据安全风险，对涉密数据、涉及隐私或个人信息安全等数据（存在于业务流程数据和专家信息数据）进行脱敏处理。如不公开发布的，建议接触或可能接触人员均签署保密协议。

4.1.2 互联网采集的资源权益状况

通过对部分重点开放学术会议数字资源的使用许可协议、网站使用政策的调研，从使用权角度将开放学术会议数字资源的权益状况划分为以下四种情况：

① 版权状态为公有领域，或者有宽泛使用许可的资源；

② 版权属于网站或机构，有较为严格使用许可的资源；

③ 版权属于网站或机构，有严格使用许可的资源；

④ 使用许可不明确的资源，也无法明确是否处于公有领域。

其中①②③属于权益清晰的资源，按照我国著作权法的规定以及许可条款使用和共享即可。④属于权益不清晰的资源，不建议纳入共享范畴。

4.1.3　其他机构汇交的资源权益状况

汇交资源涉及类型广泛，权益主体涉及资源共享平台、会议主办机构、资源创建者（报告人）等。其产权归属主要有以下两种情况：

一种是会议主办机构拥有完全知识产权的资源，主要是会议主办机构基于会议创建的二手资料（原始资料已得到资源创建者的相关授权及转授权），包括录制的视频、拍摄的图片、基于会议内容二次编撰的专家观点等。针对此种情况，由会议主办机构签署授权书（参考附录6），统一授权给共享平台在资源权益限定范围内提供服务。

另一种是资源创建者（报告人）创建的一手资料，知识产权属于资源创建者（报告人）或者已经被放至公有领域，无产权归属，如论文、报告等。由资源创建者（报告人）签署授权书（参考附录4、附录5），授权给会议主办机构统一提交进行共享。由于提交的资源已经得到原作者书面授权（包括转授权），所以在权利让渡和提供服务上基本不存在风险，主要风险来自资源本身内容，即可能存在由于资源创建者（报告人）的问题而造成的侵权。

由于本书主要服务于会议主办机构共享资源，涉及权益较为复杂，因此对会议主办机构汇交和共享资源的权益状况、共享平台的使用权利进一步细分，如表 2-1。

备注：

公有领域（Public Domain），指不受权利人支配，社会成员可以自由、无偿地使用，包括改编、复制、翻译、汇编等。公有领域作品包括：著作权保护期届满的作品；我国国家、国家部委、地方政府政策；大部分数学公式；通用历法等。其中，对于著作权保护期届满进入公有领域的年限，国内外著作权法有所区别。

我国著作权法第二十三条第一款规定："自然人的作品，其发表权、本法第十条第一款第五项至第十七项规定的权利的保护期为作者终生及其死亡后五十年，截止于作者死亡后第五十年的 12 月 31 日；如果是合作作品，截止于最后死亡的作者死亡后第

表2-1 汇交资源的权益状况及让渡的使用权利

权益状况类型	资源特征或标志	署名权	发表权	修改权	保护作品完整权	复制权	发行权	改编权	翻译权	汇编权	信息网络传播权	商业使用
版权状态为公有领域，或者有较宽泛使用许可的资源	①Public Domain；②CC0/CC BY/CC BY-SA	无（公有领域/CC0除外）	无（公有领域/CC0除外）	无（公有领域/CC0除外）	无（公有领域/CC0除外）	有	有	有	有	有	有	可以
版权属于主办机构/资源创建者，有较为严格使用许可的资源	CC BY-NC/CC BY-NC-SA/CC BY-ND标识	无	无	无	无	有	有	有（CC BY-ND除外）	有（CC BY-ND除外）	有（CC BY-ND除外）	有	禁止（CC BY-ND除外）
版权属于主办机构/资源创建	①CC BY-NC-ND标识；	无	无	无	无	无，通过授权	无，通过授权	无	无	无	无，通过授权	禁止

038

续表

权益状况类型	资源特征或标志	署名权	发表权	修改权	保护作品完整权	复制权	发行权	改编权	翻译权	汇编权	信息网络传播权	商业使用
者，有严格使用许可的资源	②仅限教学、科研目的使用（不得出版发行），其它使用需获得授权。无许可声明	无	无	无	无	获得（CC-BY-NC-ND除外）	获得（CC-BY-NC-ND除外）	无	无	无	（CC BY-NC-ND除外）	禁止
版权属于主办机构/资源创建者，声明不公开，或者不公开但可存储到约定的共享平台		无	无	无	无	无	无	无	无	无	无	禁止

五十年的 12 月 31 日。"

欧洲绝大部分国家、南美洲大多数国家，以及澳大利亚等国家和地区的版权保护期限则是作者去世后七十年。

使用许可，指知识共享许可协议（Creative Commons，CC 协议，creativecommons.org）。CC 协议是一种版权许可协议，于 2001 年由非营利组织——知识共享组织发布，该协议帮助版权人将一些著作权权利，如复制、传播、展示或者演绎等，分享给其他所有人。当前 CC 协议被广泛用于期刊、开放会议等各类开放数字知识资源的授权许可再利用。CC 协议的类型和版本请参考附录 3。

知识共享许可协议的应用有三种方式：一是类似版权声明的文本格式，例如 "© 2019. 本作品通过 CC BY 4.0 获得公开许可"；二是标注 CC 协议的图标，各类 CC 协议的图标参见附录 3；三是在资源共享平台中嵌入 CC 协议的 HTML 代码，具体参见 https：//creativecommons.org/share-your-work/cclicenses/。

学术会议数字资源共享方式分析

共享权益涉及多个维度，包括资源的内容揭示深度、共享对象、共享位置、使用方式和整体数据开放期限等。每个维度可根据需要选择设定不同的共享范围（表2-2）。

表 2-2　设定不同共享维度的共享范围

共享维度	共享范围
内容揭示深度	全文或完整媒体内容
	部分全文（全文的10%）的部分媒体内容
	文摘/简介/目次
	元数据
共享对象	公共用户
	认证用户
	特定用户（IP段）
共享位置	资源共享平台（PC端）
	APP端
	公众号
	其他平台

续表

共享维度	共享范围
使用方式 （共享协议）	CC0
	CC-BY
	CC-BY-SA
	CC-BY-NC
	CC-BY-NC-SA
	CC-BY-ND
	CC-BY-NC-ND
	其他许可协议
整体数据 开放期限	即时开放获取
	6个月后开放
	12个月后开放
	其他
	永久不开放

第 5 章

学术会议数字资源共享流程管理

　　由于互联网采集资源的来源和产权复杂，因此，该类型暂不纳入学术会议数字资源共享的考虑范畴。本章重点阐述会议主办机构，如学会（协会、研究会）等共享自有或汇交的会议数字资源的流程规范。

5.1　共享流程

　　共享流程涉及会议主办机构、资源创建者（报告人）、资源共享平台三方主体的权利让渡及资源移交。会议主办机构或学会（协会、研究会）的共享流程一般经过会议资源创建和收集、会议资源提交、会议资

源审核、会议资源汇总、会议资源发布和共享、会议
资源维护更新与知识服务开发 6 个阶段（图 2-1）。

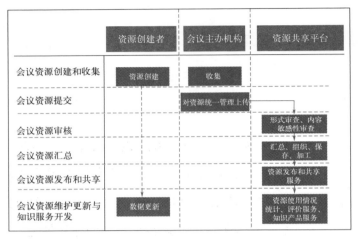

图2-1 学术会议数字资源共享流程图

5.2 共享流程规范建议

5.2.1 会议资源创建和收集

在会议举办前和举办后，进行会议数字资源的创
建和收集：

①　资源创建者按照学术会议资源内容和格式规范（参考第一篇）创作会议数字资源，并负责对会议数字资源的内容和格式规范性进行审核；

②　会议主办机构制定知识产权声明，保障会议数字资源来源和版本的稳定性和唯一性；

③　会议主办机构组织会议数字资源的收集，包括按照学术会议数字资源内容和格式规范开展视频录制、图像摄制，以及与资源创建者签署授权协议书，获取会议第一手学术资料。

实施文件：

①　学术会议主办方知识产权声明（附录2）；

②　会议论文、墙报等数字资源授权使用许可（附录4）；

③　会议报告人授权许可（含学术报告录制视频）（附录5）。

5.2.2　会议资源提交

在会议结束后，会议主办机构对会议资源进行汇总整理，对会议资源内容和质量进行自查，保障资源完整、可靠、无侵权风险。

自查无误后，将数字资源整体数据、会议主办机构签署的《会议主办机构——会议数字资源授权书》《权利瑕疵担保书》《学术会议主办方知识产权声明》，以及资源创建者签署后的《会议论文、墙报等数字资源授权使用许可》《会议报告人授权许可》文件进行打包，在会议结束3个月内提交至资源共享平台。

实施文件：

① 会议信息项（附录7）;

② 会议数字资源信息项（附录8）;

③ 会议主办机构——会议数字资源授权书（附录6）;

④ 权利瑕疵担保书（附录9）;

⑤ 学术会议主办方知识产权声明（附录2）;

⑥ 会议论文、墙报等数字资源授权使用许可（附录4）;

⑦ 会议报告人授权许可（含学术报告录制视频）（附录5）。

5.2.3 会议资源审核

资源共享平台对提交的资源进行形式审查和内容敏感性审查，检查是否符合资源格式和描述要求，以及能否正常运行。若提交的资源存在问题，尽快联系会议主办机构进行修改并重新提交。

5.2.4 会议资源汇总

在接收到会议数字资源后，资源共享平台对资源进行分类组织、保存、加工、整理、维护等，包括建立科学、系统的分类体系，对汇交的会议数字资源实施分类、分级管理，尤其是分级权益管理，将新接收的资源妥善纳入当前的分类体系当中。

5.2.5 会议资源发布和共享

资源共享平台负责保障会议资源的数据安全和网络安全，遵循开放为常态、不开放为例外的原则，根据设定的会议数字资源不同维度的共享范围、共享许可、开放期限要求，向多种类型用户提供一般信息服务、公共传播服务，以及数据挖掘与分析服务等。同时为了便于不同系统间的交互共享，资源共享平台应提供多种通用接口。

实施文件：

共享平台用户协议模板（附录 10）。

5.2.6 会议资源维护更新与知识服务开发

用户应遵守知识产权相关规定，在论文发表、专利申请、专著出版等工作中注明所参考引用的会议数字资源。资源共享平台做好资源管理与维护工作，对资源使用情况进行统计，并将统计情况反馈给会议主办机构；资源共享平台可以基于会议数字资源的使用许可进一步开发相关评价服务和知识产品服务，实现会议数字资源的增值；发布《通知——删除渠道公告声明》，避免侵权风险。

实施文件：

通知——删除渠道模板（附录 11）。

附录

附录1　学术会议演示报告制作指南相关资料

- FELDER R M, BRENT R. Designing science presentations : A visual guide to figures, papers, slides, posters, and more [M]. 2nd ed. Amsterdam : Elsevier, 2020.

- MARTINEZ D .Communicate Science Papers, Presentations, and Posters Effectively[J]. Technical communication, 2016, 63（3）: 266-267.

- ALLEY M. The Craft of Scientific Presentations : Critical Steps to Succeed and Critical Errors

to Avoid[M/OL]. New York，NY：Springer，
2013[2024-07-04]. https：//link.springer.
com/10.1007/978-1-4419-8279-7. DOI：
10.1007/978-1-4419-8279-7.

· MALVICINI P，SERRAT O. Conducting
Effective Presentations[M/OL]//SERRAT O.
Knowledge Solutions：Tools，Methods，and
Approaches to Drive Organizational Performance.
Singapore：Springer，2017：853-858[2024-07-
04]. https：//doi.org/10.1007/978-981-10-0983-
9_94. DOI：10.1007/978-981-10-0983-9_94.

· BRIDGES T M，LUKS A M. How to Give
a Great PowerPoint Presentation[M/OL]//
MOOKHERJEE S，COSGROVE E M.
Handbook of Clinical Teaching. Cham：Springer
International Publishing，2016：63-75[2024-07-
04]. https：//doi.org/10.1007/978-3-319-33193-
5_8. DOI：10.1007/978-3-319-33193-5_8.

· GÜNTHER D，AGA RESEARCH

COMMITTEE. Preparation of a scientific presentation[J/OL]. Arthroskopie，2024[2024-07-04]. https：//doi.org/10.1007/s00142-024-00683-w. DOI：10.1007/s00142-024-00683-w.

· NAEGLE K M. Ten simple rules for effective presentation slides[J/OL]. PLoS Computational Biology，2021，17（12）：e1009554. DOI：10.1371/journal.pcbi.1009554.

· https：//mitcommlab.mit.edu/nse/commkit/slideshow/.

· https：//cuwip.physics.wisc.edu/wp-content/uploads/2016/03/Good_Presentation_Guidelines_2page.pdf.

· Oral Session Guidelines[EB/OL]. [2024-07-04]. https：//www.apha.org/events-and-meetings/annual/presenters/oral-session-guidelines.

附录2 学术会议主办方知识产权声明模板

本次会议由＿＿＿＿＿＿＿＿＿＿（机构名称）主办。相关报告的视频、演示文档等内容的知识产权属于报告人和会议主办方。未经报告人和会议主办方授权，任何人不得以任何方式翻拍、翻录、直播会议报告（包括但不限于在视频会议 APP 客户端摄制、录制、拍摄会议演讲及幻灯片，利用直播软件进行同步直播等）。

本会议相关材料仅限于个人学习、研究使用，未经会议主办方和报告人授权，不得在网络、媒体上以任何形式使用、传播。

对侵犯报告人和会议主办方知识产权的行为，会议主办方保留法律追究的权利，请大家共同尊重和维护报告人和会议主办方的知识产权。

附录3 知识共享许可协议（Creative Commons License）类型

CC 协议是一种版权许可协议，于 2001 年由非营利组织——知识共享组织发布。CC 协议提供了一种简单、标准化的方式，允许他人在一定条件下分享和使用著作权人的作品，目前全球数以百万计的网站中有超过 2 亿件 CC 许可作品[5]。CC 协议有 7 种从宽松到严格的不同程度的许可证类型，目前协议已更新到 4.0 版本，从宽松到严格的 CC 协议类型依次如下，用户可以根据需要选用。

① Creative Commons Zero（CC0）。采取了 CC0 协议的作品，表示著作权人已将该作品贡献至公有领域，在法律允许的范围内，著作权人放弃所有在全世界范围内基于著作权法对作品享有的权利，包括所有相关权利和邻接权利。即标记有 CC0 的文字、图片、音频、视频等作品，无需著作权人同意，无需顾虑著作权风险，即可以复制、修改、发行和演绎，甚至可

用于商业用途。

享有权利：署名权、发表权、修改权、保护作品完整权、复制权、发行权、改编权、翻译权、汇编权、信息网络传播权、允许商业使用权。

图标：

② Creative Commons Attribution License（CC BY）。用户可以复制、展览、表演、放映、广播或通过信息网络传播此作品，但必须按照提交者指定的方式对作品进行署名。

享有权利：保护作品完整权、复制权、发行权、改编权、翻译权、汇编权、信息网络传播权、允许商业使用权。

图标：

③ Creative Commons Attribution-ShareAlike License（CC BY-SA）。用户可以复制、展览、表演、放映、广播或通过信息网络传播此作品，但必须按照提交者指定的方式对作品进行署名。若改变、转变或变更本作品，必须遵守与本作品相同的授权条款才能传播由本作品产生的演绎作品。

享有权利：保护作品完整权、复制权、发行权、改编权、翻译权、汇编权、信息网络传播权、允许商业使用权。

图标：

④ Creative Commons Attribution-Noncommercial License（CC BY-NC）。用户可以复制、发行、展览、表演、放映、广播或通过信息网络传播此作品，但必须按照提交者指定的方式对作品署名，并且不得为商业目的而使用本作品。

享有权利：保护作品完整权、复制权、发行权、改编权、翻译权、汇编权、信息网络传播权。

图标：

⑤ Creative Commons Attribution-Noncommercial-ShareAlike License（CC BY-NC-SA）。用户可以复制、展览、表演、放映、广播或通过信息网络传播此作品，但必须按照提交者指定的方式对作品进行署名，并且不得为商业目的而使用本作品。若改变、转变或变更本作品，必须遵守与本作品相同的授权条款才能传播由本作品产生的演绎作品。

享有权利：保护作品完整权、复制权、发行权、改编权、翻译权、汇编权、信息网络传播权。

图标：

⑥ Creative Commons Attribution-No Derivatives License（CC BY-ND）。用户可以自由复制、展示及演示本作品；但不得改变、转变或更改作品，且必须按照提交者指定的方式对作品署名。

享有权利：保护作品完整权、复制权、发行权、信息网络传播权、允许商业使用权。

图标：

⑦ Creative Commons Attribution-Noncommercial-No Derivatives License（CC BY-NC-ND）。用户可以自由复制、展示及演出作品，但不得改变、转变或更改作品；用户必须按照提交者指定的方式对作品署名，并且不得为商业目的而使用作品。

享有权利：保护作品完整权、复制权、发行权、信息网络传播权。

图标：

附录 4　会议论文、墙报等数字资源授权使用许可模板

授权人：

授权作品：

我承诺，本人对授权作品拥有著作权，并已按照学术规范注明了所包含的第三方内容，且不侵犯第三方的任何知识产权。

为促进知识共享，我授权 ***（会议主办机构）将授权作品上传到 *** 所属的共享平台 ***。

■ 按照以下方式共享：

　　□ 原始文档共享。

　　□ 原始文档转为 PDF 版本共享。

　　□ 原始文档转为 PDF 版本并加载授权人同意的水印。

　　□ 其他＿＿＿＿＿＿＿＿＿＿＿＿＿＿＿

■ 按照以下时间共享：

□ 立即共享。

□ 6 个月后共享。

□ 12 个月后共享。

□ 其他＿＿＿＿＿＿＿＿＿＿＿＿＿＿＿＿＿

■ 按照以下 Creative Commons 协议授权使用：

□ CC0 共享（放弃作品所有权至公有领域）。

□ CC-BY 署名。

□ CC-BY-SA 署名 - 相同方式共享。

□ CC-BY-NC 署名 - 禁止商业使用。

□ CC-BY-ND 署名 - 禁止演绎。

□ CC-BY-NC-ND 署名 - 禁止商业使用 - 禁止演绎。

□ CC-BY-NC-SA 署名 - 禁止商业使用 - 相同方式共享。

□ 其他许可声明＿＿＿＿＿＿＿＿＿＿＿＿＿＿

签名：　　　　　　　　签署时间：

附录5 会议报告人授权许可模板

授 权 人：_____

授权作品：_____

我承诺，本人对授权作品拥有著作权，并已经按照学术规范注明了所包含的第三方内容，且不侵犯第三方的任何知识产权。

为促进知识共享，我授权_____（会议主办方/机构名称）将授权作品上传至 *** 所属的共享平台 ***，并在权限范围内提供服务。

我同意以下资料的共享：

1. 演示报告文档（PPT、PDF、图片、Latex 等格式）；

2. 演示报告和本人演讲过程的音视频资料；

3. 本人肖像（本次会议拍摄的本人照片）。

以上资料内容在 *** 共享平台按照作品协议授权

提供服务。

按照以下时间共享：

☐ 立即共享。

☐ 6 个月后共享。

☐ 12 个月后共享。

☐ 其他_____

按照以下 Creative Commons 协议授权使用：

☐ CC0 共享（放弃作品所有权至公有领域）。

☐ CC-BY 署名。

☐ CC-BY-SA 署名 - 相同方式共享。

☐ CC-BY-NC 署名 - 禁止商业使用。

☐ CC-BY-ND 署名 - 禁止演绎。

☐ CC-BY-NC-ND 署名 - 禁止商业使用 - 禁止演绎。

☐ CC-BY-NC-SA 署名 - 禁止商业使用 - 相同方式共享。

☐ 其他许可声明_____

签名：_____ 签署时间：_____

附录6 会议主办机构——会议数字资源授权书模板

为支持 *** 会议数字资源共享平台建设和活动开展，提升我国学术会议数字资源支撑和知识服务水平，推进创新型国家和科技强国建设，我单位自愿授权如下：

*** 会议是我单位组织主办的学术性会议，我单位拥有该会议相关内容（会议报告、会议论文、会议视频、图像、墙报等）复制权、发行权、信息网络传播权等，以及其他在 *** 单位会议数字资源共享平台所有相关平台传播使用的相关权利，或者可进行前述权利的转授权。

我单位同意，将该会议产生的所有数字资源的信息网络传播权及其他相关权利免费、非独家授权给 ***，用于在 *** 相关平台（包括但不限于 PC 端、手机 APP 端）以约定的方式进行公益性传播。被授权单位在传播过程中不得侵犯权利人的署名权、修改权、保护作品完整权。

我单位承诺，以上授权符合我国相关法律法规之规定；在 *** 单位所有相关平台上使用前述会议数字资源内容，如出现权益纠纷，在上述授权范围内的，我单位将负责解决；不在上述授权范围内的，我单位尽量协助解决。

授权单位：

年　　　月　　　日

附录 7　会议信息项

描述信息项	该信息项定义	数据类型/取值	必备性	可重复性
会议名称	会议名称全称	自由文本	是	否
其他名称	其他名称可以是会议常用的名称缩写，也可以是翻译名称	自由文本	否	否
会议周期性	会议周期性是指会议按照一定的时间间隔有规律地召开，包括机制性会议和单次会议 2 种	2种取值：机制性会议；单次会议	是	否
会议届次	连续召开会议（机制性会议）的序列号，会议届次只包括数字，不包括后缀，例如"The 19th XML/SGML Conference"，会议届次是19	数字类型	有则必备	否
学科领域	指会议所属学科领域。为与《重要学术会议目录》保持一致，复用《重要学术会议目录》学科分类标准，即采用《国家自然科学基金申请代码》进行划分	填写对应的《国家自然科学基金申请代码》二级类目学科；如无法对应到合适的二级类目学科，则登记"一级类目+其他"	是	是，最多登记三个学科

续表

描述信息项	该信息项定义	数据类型/取值	必备性	可重复性
会议主题	会议的主题、标语或领域。会议的主题并不一定与会议名称有关，会议的名称可能具有连续性，但每一届次的会议主题可能不同	自由文本	有则必备	是
会议关键词	会议的关键词描述	自由文本	有则必备	是，不超过5个关键词
会议定位	会议定位共分为2种，包括成果传播和学术交流研讨。其中，偏重成果传播的会议一般以提高社会对科学成果的认可为主要目的，偏重学术交流研讨的会议一般以学者之间的学术交流为主要目的	2种取值：成果传播；学术交流研讨	有则必备	否
会议内容类型	会议内容类型包括3种：综合交叉学术会议、小型专题学术会议（强聚焦、小规模、高层次、有深度的专题研讨或闭门会议）、专业前沿学术会议	3种取值：综合交叉学术会议、小型专题学术会议、专业前沿学术会议	有则必备	是，多个取值之间用英文分号隔开
会议开始时间	指会议召开的起始时间，不包括注册报到日	采用GB/T 7408格式日期，YYYY-MM-DD	是	否
会议结束时间	指会议结束日期	采用GB/T 7408格式日期，YYYY-MM-DD	是	否

续表

描述信息项	该信息项定义	数据类型/取值	必备性	可重复性
召开形式	会议召开形式包括纯线下会议、线下会场+线上会场、线下会场+线上直播、纯线上会议4种。	4种取值：纯线下会议、线下会场+线上会场、线下会场+线上直播、纯线上会议	是	否
地点	会议举办的地点，具体到所在城市	采用"城市，所在省/州，国家"格式。如"青岛，山东，中国"；或者"Denver, Colorado, United States"	有则必备	否
参会人数	大体估计人数即可	数字类型	有则必备	否
官网链接	会议一般应建立专属官网页面，链接地址一般应为网站首页网址	URL	有则必备	否
会议注册系统链接	注册系统首页网址	URL	有则必备	否
会议简介	会议简介一般为300字以内，包含会议目的、会议预期目标等内容	自由文本	否	否
会议新闻链接	报道会议新闻的网址	URL	有则必备	否
会议直播链接	会议进行直播的网址	URL	有则必备	否

描述信息项	该信息项定义	数据类型/取值	必备性	可重复性
会议地理等级范围	会议是国内会议/双边会议/区域性会议/全球性会议。国内会议是指无或很少有外籍参会者，面向国内召开的会议；双边会议是指两个国家之间召开的会议；区域性会议是指某个地域的多个国家之间的会议，如亚非地区；全球性会议是指参会者没有区域限制，全球各地都可以参加的会议	4种取值：国内会议；双边会议；区域性会议；全球性会议	有则必备	否
主办单位名称	主办单位是指，独立或联合发起、举办该会议并承担主要法律责任的组织的名称。不包括承办单位、协办单位或其他参与会议的单位	自由文本	是	是，如有多个主办单位，按顺序依次填写机构名称
承办单位名称	承办单位是指具有一定资质，接受主办单位的委托，具体负责所有或部分会务事宜，能够独立承担民事责任的组织	自由文本	否	是，如有多个承办单位，按顺序依次填写机构名称
录用会议论文比例	录用论文数量/投稿论文数量	数字类型	有则必备	否

续表

描述信息项	该信息项定义	数据类型/取值	必备性	可重复性
录用会议论文摘要比例	录用论文摘要数量/投稿论文摘要数量	数字类型	有则必备	否
会议活动说明材料	指发放给参会者介绍会议活动主要要素，如参会嘉宾、会议议题、会议日程的文件	4种取值：会议指南;会议手册;会刊;参会名录	有则必备	是
会议活动说明材料格式	指媒体格式，仅接收4种文件格式：doc/docx;pdf;jpg;xls/xlsx	4种取值：doc/docx;pdf;jpg;xls/xlsx	有则必备	是
会议活动说明材料文件名	指存储的会议活动说明材料的全文文件名，如"第七届IEEE云计算与智能系统国际会议会议指南.docx"	自由文本	有则必备	是
会议活动说明材料的文字说明	用一段文字（30字内）介绍该文件的主要内容	自由文本	有则必备	是

附录 8　会议数字资源信息项

信息项	信息项定义	数据类型/取值	必备性	可重复性
唯一标识符	作品已经被机构或组织分配的唯一标识符，如 DOI、PMID	编码文本，直接复制该编号即可	否	是
所属会议名称	会议的官方名称	文本类型		
所属会议届次	连续召开会议（机制性会议）的序列号，会议届次只包括数字，不包括后缀，例如"The 19th XML/SGML Conference"，会议届次是 19	数字类型	有则必备	否
资源类型	指在会议举办过程中由科技工作者创作并在会议上进行公开交流的学术成果文件，或者由学术会议基于会议交流内容进行二次加工形成的成果	会议论文、会议论文摘要、会议报告、会议演讲音视频、会议墙报、会议综述、会议纪要、智库报告、专报（政策建议）	是	是
媒体类型	指作品的媒体格式类型	从元数据描述规范中的媒体类型编码中选择	是	否
题名	作品原始标题。如果是英文无需翻译，英文首词首字母大写。缩写字母之间无空格	自由文本	是	否

信息项	信息项定义	数据类型/取值	必备性	可重复性
其他题名	资源中正题名的其他表现形式，以及与正题名相关的其他题名形式	自由文本	否	否
学科门类	采用与会议登记录入相同的学科分类	自由文本	有则必备	是
关键词	概括文献内容的词	自由文本	是	是，不超过4个
主题分类号	作品所属的主题分类号	采用中图分类法的分类号标注	是	是，不超过2个
摘要	作品的内容描述简介	自由文本	有则必备	否
语种	作品的语言类型	采用GB/T 4880.1—2005（等同ISO 639-1）格式，如中文是"zh"，英语是"en"	是	是
作者姓名	对于会议论文/墙报，是指作者个人；对于会议图片，是指拍摄者；对于会议报告及其报告音视频，是指报告人；对于会议综述/会议纪要/智库报告/政策建议和专报，是指团体作者（团体或组织名称），如"***学会"	中文姓名直接照录，英文姓名则按照名在前、姓在后进行描述。在系统中录入时，如有多个作者，按照作者姓名、作者机构、邮箱、个人简介逐个录入	有则必备	是
作者个人简介	仅指会议论文/墙报第一作者、报告人、团体作者的简介	自由文本	有则必备	是

信息项	信息项定义	数据类型/取值	必备性	可重复性
作者所属机构	仅指会议论文/墙报第一作者、会议报告人所属机构	自由文本	有则必备	是
作者邮箱	作者的邮箱	自由文本	有则必备	是
版权所有者	版权拥有者	自由文本	有则必备	是
版权年	作品初次公开发表的年份	自由文本	有则必备	否
使用许可	该作品采用的使用许可类型	包括以下几种取值 l CC BY：署名（BY） l CC BY-SA：署名（BY）-相同方式共享（SA） l CC BY-ND：署名（BY）-禁止演绎（ND） l CC BY-NC：署名（BY）-禁止商业使用（NC） l CC BY-NC-SA：署名（BY）-禁止商业使用（NC）-相同方式共享（SA） l CC BY-NC-ND：署名（BY）-禁止商业使用（NC）-禁止演绎（ND） l CC0：作者放弃所有权利，作品进入		

续表

信息项	信息项定义	数据类型/取值	必备性	可重复性
使用许可	该作品采用的使用许可类型	公有领域，并明确声明为CC0 l Public Domain：作者放弃所有权利，作品进入公有领域 l CA：仅限教学、科研目的使用，其它使用需获得授权 l 不开放	是	是
开放时限	作品可公开获取的时间限制	包括以下几种取值：立即开放获取；6个月以后开放获取；12个月以后开放获取；永久不开放	有则必备	否
文件全文文件名	指存储在电脑上的全文文件的文件名，如"123.pdf"	自由文本	是	否

附录 9 权利瑕疵担保书模板

　　————————（会议主办单位名称）承诺：就本单位承担的————————会议以及由本单位提交给 ***单位共享使用的资料、数据、材料、成果等，合法合规，无侵犯他人知识产权或其他民事权利的情形。

附录 10   *** 单位共享平台用户协议模板

尊敬的用户，欢迎阅读本协议：

    *** 单位共享平台基于本协议的规定提供服务，本协议具有合同效力。用户必须完全同意本协议后才能够享受 *** 共享平台提供的服务。用户登录网站即表明您接受本协议的所有条款。

    一、知识产权

    本网站内容及所有页面内容知识产权归 *** 单位所有。

    二、用户的权利和义务

    1. 用户在访问和注册、登录并使用本网站时，须遵守中华人民共和国互联网管理的法律法规和相关规定，不得做出任何违背上述规定以及损害本网站的行为。

    2. 用户有义务确保向本网站提供的任何资料、注册信息真实准确。保证本网站可以通过上述联系方式与自己进行联系。同时，用户也有义务在相关资料实际变更时及时更新有关注册资料。

3. 用户不得使用以下方式登录网站或破坏网站所提供的服务：

① 除通过网站提供的开放接口对网站进行内容挖掘外，以任何机器人软件、蜘蛛软件、爬虫软件、刷屏软件或其它自动方式访问或登录本网站；

② 通过任何方式对本网站内部结构造成或可能造成不合理或不合比例的重大负荷的行为；

③ 通过任何方式干扰或试图干扰网站的正常工作或网站上进行的任何活动。

三、本网站的权利和义务

1. 本网站有义务在现有技术水平的基础上努力确保整个网站的正常运行，尽力避免服务中断或将中断时间限制在最短时间内。

2. 用户使用本网站之风险由用户个人负担。本网站不保证以下事项：本网站符合用户的要求，本网站不受干扰、能够及时提供、安全可靠或免于出错，本网站使用权的取得结果是正确或可靠的。

3. 本网站可自行全权决定以任何理由（包括但不限于本网站认为用户已违反本协议的字面意义和精神）终止对用户的服务，并不再保存用户在本网站的全部资料（包括但不限于用户信息、服务信息、交易信息等）。终止服务前，本网站会告知用户。本网站没有义务为用户保留原用户资料或与之相关的任何信息，或转发任何未曾阅读或发送的信息给用户或第三方。

四、争议解决方式

本协议及其修订本的有效性、履行和与本协议及其修订本效力有关的所有事宜，将受中华人民共和国法律管辖，任何争议仅适用中华人民共和国法律。

附录 11 通知——删除渠道模板

　　*** 单位只提供平台数据信息存储服务。任何单位或个人认为 *** 单位所有平台发布的内容涉嫌侵犯其合法权益的，可及时向 *** 单位提出书面权利通知，并同时提供身份证明、权属证明、具体链接（URL）及详细侵权情况证明。*** 单位在收到上述法律文件并经核实确认后，将会依法尽快移除相关涉嫌侵权的内容。

　　通知渠道：

联系人：

联系方式：

参考文献

[1] CARTER M. Designing Science Presentations[M].（Second Edition）Academic Press，2021：207-228.

[2] NSE Communication Lab.Slideshow[EB/OL]. [2024-06-28]. https：//mitcommlab.mit.edu/nse/commkit/slideshow/.

[3] CAVE R D. Designing Science Presentations：A Visual Guide to Figures，Papers，Slides，Posters，and More[J]. American Entomologist，2016，62（2）：128-129.

[4] 张超，段炜钰，陈凯华，等．信息技术推进国家治理现代化的战略研究——第 S70 次香山科学会议学术综述 [J]. 中国科学院院刊，2024，39（01）：143-151.

[5] Creative Commons. Share your work[EB/OL]. [2024-07-05]. https：//creativecommons.org/share-your-work/.

Before

After

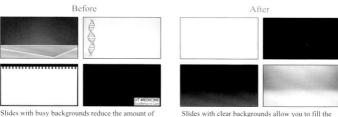

Slides with busy backgrounds reduce the amount of
space you have for your own visual elements.

Slides with clear backgrounds allow you to fill the
entire space with your own content.

Before

After

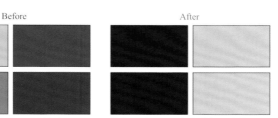

Backgrounds composed of warm, bright colors can
be too intense on the eye and don't allow
foreground objects to stand out.

Backgrounds composed of cool tints or shades are
comfortable to look at for long time periods.

(a)

(b)

图1-2

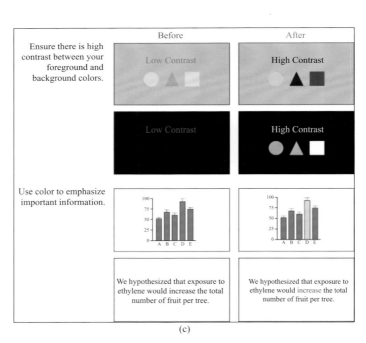

(c)

图1-2 学术会议报告颜色使用案例[3]